学力を高める「朝の読書」

一日10分が奇跡を起こす
――検証された学習効果

山崎博敏 編著

メディアパル

【目次】

カバーデザイン　神田程史

「朝の読書」20年の軌跡

朝の読書推進協議会顧問　佐川二亮

「朝の読書」は一九八八年に千葉県の高等学校に勤務していた林公先生の提唱と大塚笑子先生の実践でスタートして今年二〇年を迎えることになった。学校に来ても落ち着きがない、人の話をきちんと聞けない、授業が始まっても絶え間なく続くおしゃべり、教科書も満足に読めず文章そのものも体をなしていない……このような困難な教育状況の中で夢と希望を育ませる手段を模索し、辿りついたのが一〇分間の「朝の読書」の実践であった。

当時、生徒と教師の全員が同じ時間に一斉に読書をするという方法に異を唱える声も多かったが、一日一〇分でも毎日本を読むことで子ども達の心に変化が見られ、生活態度や学力にも効果が現れることになった。二人の教師はこの成果を個人的に手紙で全国の学校に知らせ、「朝の読書」の実践を促す活動を起こすが、関心や反応を示してくれる学校はほとんど現れなかった。その主な理由は、「読書は強制するものではない」「読書の時間をつくれない」「読書よりも学習を優先」などが挙げられるが、「これ以上、仕事を増やしたくない」という実態も背景にあったようである。

しかし、当時、全国の学校現場ではいじめや不登校、少年犯罪の増加や学級崩壊・学校崩壊という異常な事態に追い込まれている状態になっていた。九〇年代後半には高性能テレビゲームが台頭し、これまでの生活にはなかったバーチャル世界が、子ども達どころか大人までも夢中にさせた。その見返りとしてなのか、子どもの読書量は過去最低を記録し、そればかりか子ども達の心の荒みも一層拍車がかけられていくことになる。

「朝の読書」は子ども達を変えるどころか、教師の意識や学校の風土を変えるほどの力を持ち合わせていることを確認できた二人の教師は、その効果を全国の学校に向けて手紙を書き続けた。しかし、個人の活動は様々な物理的な限界に立ち塞がれることになる。そのようなときに二人の教師と私の出会いがあり、全国の学校に「朝の読書」を広める組織的な運動が始まることになった。組織的な運動とはいっても自分達でできることだけをやるという草の根運動に変わりはない。しかしその志を形にするために三人で任意の運動団体として朝の読書推進協議会を発足させた。代表は大塚笑子先生が今日まで務めているが、この協議会をつくったことで、「朝の読書」の宣伝や教師向けの研修会・全国縦断朝の読書交流会の開催、実践校調査や学校への指導など、「朝の読書」全般にわたる活動の母体になっていった。

草の根運動ではあっても、時の流れと共に読書の意義を理解する志の高い全国の教師達との出会いによって実践校は一九九九年に一〇〇〇校、二〇〇二年には念願の一万校に達することができた。現在では、特に小中学校においては普遍的な読書運動として満遍なく導入されているが、日本での「朝の読書」活動に注目した韓国でも大きな広がりになっている。特に韓国の徹底した取り組みは、短期間で成果を生み出すことになる。二〇〇七年に発表になった第三回目の「ＯＥＣＤ・学習到達度調査」読解力分野において、フィンランドを抜いて韓国が世界一に躍り出たのである。この要因を韓国の教育人的資源部が「読書教育の成果」と答えていることが新聞で報道されていた。学力で世界のトップにあるフィンランドも国家を挙げた読書教育や環境づくりが効果に結びついていることは明白である。ならばわが国ではこれだけ「朝の読書」が全国の学校に普及しているのになぜ世界の学力に追いつけないのか。それは数の理論ではなく、質に問題があるようだ。「朝の読書」は一日一〇分から一五分の活動。それも毎日実践すればそれなりの効果が見込まれるが、一週間に一回あるいは二回程度の実践校が三五％も占めているという状態。また、「朝の読書」は子ども達だけの実践で、その時間に教師は職員室で朝会をしている学校も三割強ある。いわば、本気になって成果を求めるのであれば、このような中途半端な取り組みは意味のないことだと言わざるを得ない。また他の学校の事例でも証明されているが、このような取り組みでは成果どころか継続さえ危ぶまれるということになる。

高校ではまだ「朝の読書」普及率は低い。「当校は進学校だからドリル優先で読書は必要ない」「朝の読書は荒れている学校や課題集中校の取り組みだ」と意見を投げかけてくる学校は少なくない。しかし、本当にそうなのだろうか。本来、「朝の読書」は学力向上を目的とした活動ではなく、心の栄養素として豊かな人間性を育むことを狙ったものだが、読書の習慣によって自ずと読解力が向上するということは、結果として学力にも影響することが学校現場で証明されることになった。ある進学校では「朝学習から「朝の読書」に切り替えたら、合格率と合格する大学のレベルが上がった」、また、「偏差値が上がった」という学校の事例は数多くある。二〇〇七年に実施された全国学力テストの結果分析で、「朝の読書の時間を設けている小中学校は、設けていない学校よりも国語、算数、数学とも正答率が高かった」と、文部科学省もその効果を認めている。人間性を豊かに育もうという「朝の読書」は、その付加価値として学力アップにも貢献していることである。ならば、国家はこの読書効果をどう具体的な政策として教育現場に活かすかが今後の課題であろう。

しかしながら一方で、教育行政から学力向上を強いられ、「朝の読書」を維持するのが困難になったと憂いている教師達。そのような「朝の読書」の転機にあたるときに、広島大学大学院（教育研究科）山崎博敏教授とその研究グループの皆さんが、「朝の読書」が学力にどのような影響を及ぼしているかを調査研究され、その初めての学術的検証が『学力を高める「朝の読書」　一日10分が奇跡を起こす―検証された学習効果』として上梓されることになった。「朝の読書」が誕生して二〇年の記念の年に出版されることを嬉しく思う。

「朝の読書」運動に関わってきた全国の多くの同志たちも同じ思いであろう。また、現在、「朝の読書」に取り組みながらも悩みを抱いている学校の先生方には改めて「読書の力」を信じ、「朝の読書」が「うちどく（家読）」と共にこの国の未来を担う子ども達のために、勇気と自信をもって活動できるメッセージになるものと信じている。

第一章　検証されずにいた教育方法

第一節　学力と学校教育への関心増大

近年、わが国では学力への関心が大きくなり、社会的な問題となっている。そのきっかけとなったのは、一九九九年夏に刊行された『分数ができない大学生』（東洋経済新報社）という本である。この本では、算数の分数の問題を正答できない大学生が多いことを示し、当時大きな衝撃と反響を呼んだ。

以来、学力問題は、大学生だけでなく、小学校から高校までの初等中等教育にも広がり、国民の間に学力低下の危惧の念が広がった。その時期は、バブル不況後の経済停滞が長期間続き、わが国の将来の展望が見えなくなった時期でもあり、不安感は増幅した。

果たして学力は低下したのか、また、低下したのならその原因は何かが国際的学力調査のデータなどを用いて論争となった。わが国が参加した国際的な学力調査としては二つある。一つは、国際教育到達度評価学会（ＩＥＡ）による国際数学・理科教育動向調査（ＴＩＭＳＳ）である。これは、小学校四年と中学校二年の算数・数学と理科の教育到達度を一九六四年以来、継続的に調査している。二〇〇三年の調査の結果はＴＩＭＳＳ二〇〇三として報告された。その結果、中学校二年生では比較可能な同一問題の平均正答率が過去に比べて顕著に低下し、国際的な順位も低下していた。いま一つの調査は、経済協力開発機構（ＯＥＣＤ）によるＰＩＳＡで、一五歳（日本では高校一年生）を対象とした実生活場面で知識や技能を活用する力を調べる調査である。読解力、数学的リテラシー、科学的リテラシーの三領域でのテストと質問紙調査が実施された。ＰＩＳＡ二〇〇三では、読解力の順位が前回調査の二〇〇〇年の八位から一四位へと低下しＰＩＳＡショックと呼ばれた。

文部科学省は、当初、児童生徒の学力低下を認めていなかったが、ＰＩＳＡ二〇〇三の結果発表後、中山文科相の時代になってから徐々に舵を切り、学力向上のための様々な政策や取り組みを開始した。具体的には、学習指導要領の見直し、習熟度別指導など授業改善、スーパーサイエンススクール等の学力向上アクション・プラン、読解力向上のためのプログラムなどが実施された。また、二〇〇五年一〇月の中教審答申「新しい時代の義務教育を創造する」で全国的な学力調査の実施が答申され、二〇〇七年四月には小学校六年と中学校三年の全員を対象とする全国学力調査が実施された。これを受けて、全国の学校は調査結果を活用した教育の改善を行っている。二〇〇八年には授業時間数一割増を盛り込んだ新学習指導要領が告示された。

このような国の動きと共に、全国のいたるところで、教育の改善や学力向上に向けた取り組みが活発に行われている。例えば、「百マス計算」は、陰山メソッドとして全国の学校を風靡した。また、「早寝早起き朝ごはん」運動は、子どもの基本的生活習慣の乱れが、学習意欲や体力、気力の低下の要因であり、個々の家庭や子どもを超えて社会全体の問題として取り組む必要があるとして、二〇〇六年に、PTA、子ども会、青少年団体、スポーツ・文化関係団体等が参加して「早寝早起き朝ごはん」全国協議会が設立された。また、「朝の読書」は、毎朝、授業の始まる前の一〇分間、生徒と教師がそれぞれ自分の好きな本を黙って読むという教育活動である。林公、大塚笑子両教諭が一九八八年に千葉県の高校で提唱し実践を始め、その後全国的な運動として大きく発展した。朝の読書を続けることにより、読書や本が好きになり、読解力や国語力が向上するだけでなく、遅刻やいじめ、不登校などが減少するなどの教育効果が報告されている。

このように、国や地方自治体の教育政策によって習熟度別指導やティーム・ティーティング、少人数学習など様々な指導方法が導入され、また、学校の現場では多くの教員により様々な教育改善が試みられている。それらの実践には多数の人々が関わり、多大な人的エネルギーが投入されている。

しかしながら、現場での急速な取り組みや必要性にもかかわらず、どのような教育上の方策が効果的であるかという研究は、あまり進んでいないという現状がある。

本書の目的

本書は、朝の読書がどのような教育的効果を持ち、学力向上にどのような影響を持っているかを、我々が行った調査のデータを分析することにより、明らかにすることを目的としている。

朝の読書をすでに実践している現場の教師は、その教育効果を実感していると思われるし、朝の読書がもたらす豊かな体験を、統計という数字に押し込めてしまうことに疑問を感じる方もいるかもしれない。

元来、教育学では、どのような授業をすべきであるかを研究する教授学や教育方法学という分野があり、様々な理論や教授法が提唱され研究されてきた。また、学校教員の実践発表会では、教師による授業方法の発表が数多くなされている。しかしながら、優れた教育論や授業方法の提唱がなされても、それが論証されることは少ない。本書で朝の読書の有効性を検討することは、朝の読書に取り組むか否かを判断する一つの材料になるであろう。

もちろん、この論証が朝の読書の有効性の全てではない。また、人間性や感性を育み人生の指針さえ与えるといった朝の読書の広い教育効果は数値では表すことはできないだろう。しかし、有効性のある数値が出た、ということはまぎれもない事実でもある。

この結果は朝の読書に長年取り組んできた方々には、自分達の取り組みに自信を持ってもらえるものになると信じている。

第二節　朝の読書、教育効果の調査方法

まず調査について説明する。二〇〇五年一一月末から二〇〇六年三月にかけて、四つの道県の小学校五年と中学校二年の児童生徒を対象に調査票を配布し、三三八四人の児童生徒から回答を得た。調査票は、好きな教科、授業の理解度、学校での学習や学級の

状況、授業方法、家庭での勉強や生活の状況、親のライフスタイルなどの質問と、国語と算数・数学に関する学力テストからなる。国語のテストは、漢字の読み取り、つながりのことば、表現等に関する、小学校五年では三問、中学校二年では二問の問題からなる。算数・数学のテストは四則演算、数式（中学校は方程式を含む）に関する二問からなる。制限時間は、各教科とも一〇分である。調査票全体を約四五分の授業時間内で回答してもらった。国語と算数・数学の正答数の偏差値を、ここでは学力と呼ぶ。

次に、「朝の読書の実施状況」について説明しておきたい。児童生徒調査では、「朝の授業の前に、学習や読書の時間がある」という質問に対して、「よくある」「ときどきある」「あまりない」「ほとんどない」という四つの選択肢で回答をしてもらった。そこから朝の読書だけの効果を調べるために、朝の読書推進協議会事務局による朝の読書実施校の全国調査のデータとクロスさせて、朝の読書を実施している学校を割り出した。

朝の読書を実施していると回答している学校であっても、学級によってその実施状況は異なっているので、実施状況を加味した。朝の読書実施校の児童生徒の中でも、「朝の授業の前に、学習や読書の時間がある」という問いに「よくある」と回答した者を、「朝読よく実施」とした。

逆に、朝の読書を実施していない学校に在学している児童生徒全員と、朝の読書を実施している学校であっても「朝の授業の前に、学習や読書の時間がある」に「ときどきある」「あまりない」「ほとんどない」と回答した児童生徒については、朝の読書を「あまり実施せず」とした。

その結果、小学校では、「朝読よく実施」は五四・三％（児童一六五四人中八九八人）、「あまり実施せず」は四五・七％、中学校では、「朝読よく実施」は六一・七％（生徒一七〇〇人中一〇四九人）、「あまり実施せず」は三八・三％であった。これらを元に、主にクロス集計と多変量解析で分析する。

本調査のこの数字を見ると、中学校は「あまり実施せず」の数が少ない傾向がある。そのためか、分析結果の数値に小学校ほどの明確な差が表れなかった。しかしながら、特筆すべき差が表れた項目もあり、本書では小学校を主に中学校は参考として記載していく。

本書の構成

児童生徒の学力には、個人的な属性だけでなく、家庭環境などの社会的属性や学校の教育環境や指導方法など多数の要因が大きな影響を与えているのは前述したとおりだが、学力以外の側面を大きく次の三点から整理し分析した。

（一）授業方法と子どもの授業態度
（二）学級の状況
（三）家庭での学習や帰宅後の活動内容

まず本書では、三章から五章で、朝の読書とこれら学力以外の側面の関連を分析する。六章では、それらの影響要因を変数とし、分析モデルの中に組み込み、多変量解析を使用して、朝の読書を実施していることが学力にどのように影響しているかを複合的に分析している。

第二章　朝の読書の実施状況を分析。小学校、中学校、高校において、都道府県別の実施状況を分析し、その特性を分析する。

第三章　朝の読書と、授業方法や授業での学習態度の関連を分析する。

第四章　朝の読書と、学級の状況の関連を分析する。

第五章　朝の読書と家庭での学習や帰宅後の活動内容との関係を分析する。家での読書にどのような要因が影響を与えているかも分析する。

第六章　朝の読書が、学力に影響を与えているかどうかを重回帰分析という統計方法を用いて分析する。さらに、全国学力・学習状況調査（二〇〇七年四月実施）での朝の読書に関する、国から公表された都道府県別集計結果を分析する。

終章　各章での分析結果をふまえて本書の総括を行う。

第二章　朝の読書の実施状況

第一節　全国での実施状況

朝の読書は、全国の都道府県の大多数の学校で実施されている。朝の読書推進協議会による実施状況調査（二〇〇七年一一月二日現在）によると、全国の小学校の七一％、中学校の六九％、高校の三六％で実施されている。

小学校と中学校については、二〇〇七年四月に実施された「全国学力・学習状況調査」での、朝の読書に関する質問事項で、実施率を正確に知ることができる。この調査に回答した学校数は、愛知県犬山市の学校を除くすべての公立学校とすべての国立学校、および半数以上の私立学校である。回答した学校数は小学校二一、一〇五校、中学校一〇、七三〇校（特別支援学校を含む）にのぼる。国公立学校についてはほとんど全数調査に近いから、最も信頼できる数字であるといってよい。

それによると、校長に対する、「当該学年で朝の読書などの一斉読書の時間を設けていますか」という質問に対して、小学校では約九一・八%、中学校では約八三・五%の学校が「はい」と回答している。

朝の読書の実施状況は、都道府県別にみると多様である。図2―1は、全国学力調査による小学校と中学校の実施率を図示している。これから明らかなようにほとんどの県で小学校の実施率は九〇%を超えている。特に、茨城県、栃木県、広島県、香川県、長崎県では九九%を越えている。しかし、逆に、北海道(六六・四%)と大阪府(七四・七%)が目立って低く、次いで東京都(八四・一%)、神奈川県(八四・〇%)などが低い。

中学校でもほとんどの県が八〇%を越えており、特に長崎県と鹿児島県では九九%を越えている。逆に、北海道(五三・二%)、大阪府(五八・一%)、神奈川県(七一・〇%)、東京都(七五・五%)、和歌山県(七四・一%)、岐阜県(七八・六%)、滋賀県(七九・六%)などが低くなっている。このように、北海道、東京都、神奈川県、大阪府を中心とする都道府県で実施率が低い。言い換えれば、北海道を除く地方の県では朝の読書はよく実施されているといえよう。

高校についても、小・中学校と同様の傾向がみられるが、都道府県間の違いはもっと顕著である。図2―2から明らかなように、よく実施されているのは、長崎県（七七％）、愛媛県（七三％）、宮崎県（七二％）、静岡県（七二％）など地方の県である。逆に、北海道、埼玉県、千葉県、東京都、神奈川県、新潟県、愛知県、三重県、滋賀県、京都府、兵庫県、山口県、沖縄県では実施率が低い。高校でも、全体としては地方の県でよく実施され、北海道と、首都圏、関西圏を中心とする大都市地域で実施率が低い。

図２－１　朝の読書の実施率（％）：小６と中３

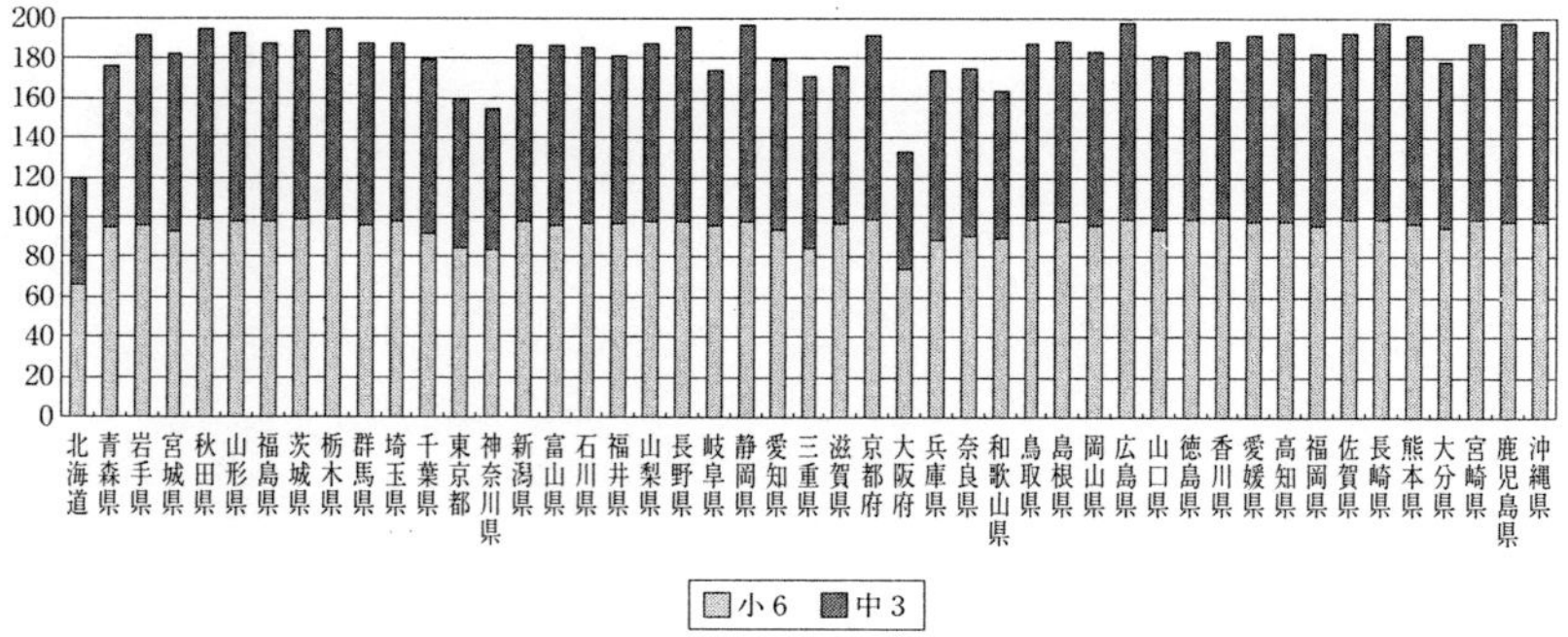

図２－２　朝の読書の実施率（％）：高校

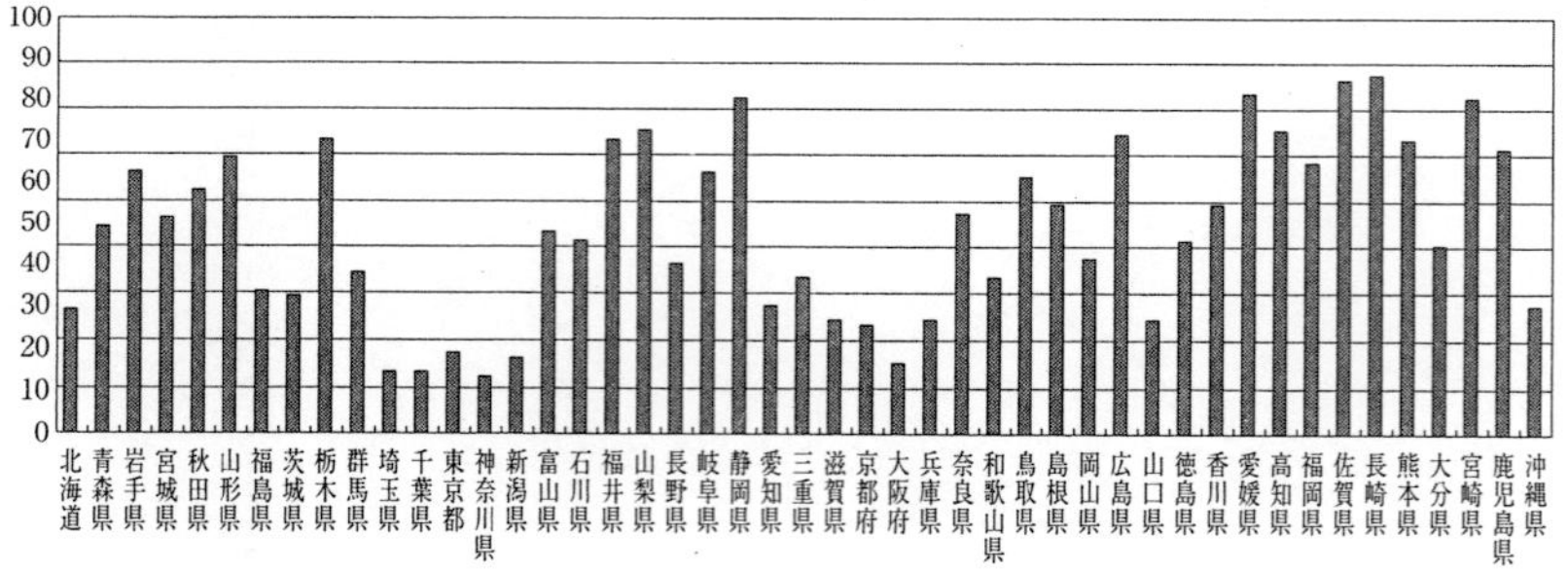

第二節　実施校の特性

我々が児童生徒調査を行った学校について、どのような特性をもった学校で朝の読書がよく実施されているかを分析してみた。表2―1は、学校の所在地別の結果である。調査対象校全体での朝の読書の実施率は、小学校七七・六%、中学校七九・三%であったが、都市部よりも農村部、農村部よりもへき地の学校でよく実施されていることが分かる。

表2―1　学校の所在地別にみた朝の読書の実施状況

所在地	小学校（%）		
	朝読実施	実施せず	計
市街地	75.0	25.0	100.0
農村部	78.1	21.9	100.0
へき地	80.0	20.0	100.0
全体	77.6	22.4	100.0

所在地	中学校（%）		
	朝読実施	実施せず	計
市街地	77.8	22.2	100.0
農村部	78.9	21.1	100.0
へき地	100.0	0.0	100.0
全体	79.3	20.7	100.0

次に、学校規模別に朝の読書の実施状況を分析した結果を示したのが表2―2である。小学校では、「九九人以下」の小規模校が最もよく実施しており、学校規模が大きくなるにつれて実施率は減少していく傾向にある。中学校では、それほど明確ではないが、九九人以下の小規模校の実施率が最も高くなっている。

表2－2　学校規模からみた朝の読書の実施状況

学校規模（児童数）	小学校（%）		
	朝読実施	実施せず	計
99人以下	87.5	12.5	100.0
100－199人	72.7	27.3	100.0
200－999人	60.0	40.0	100.0
全体	77.6	22.4	100.0

学校規模（生徒数）	中学校（%）		
	朝読実施	実施せず	計
99人以下	85.7	14.3	100.0
100－199人	72.7	27.3	100.0
200－999人	81.8	18.2	100.0
全体	79.3	20.7	100.0

児童生徒に、「朝の授業の前に、学習や読書の時間がある」かどうかを、四つの選択肢で質問した結果を示したのが表2―3である。小学校、中学校とも、回答者全体の八〇%以上が「よくある」と回答している。これを学校規模別にみると、先ほどと同様、大規模校よりも小規模校になるほど、実施率が高くなっている。

表2－3　学校規模からみた朝の学習と読書
（児童生徒調査）

	小　学　校　（%）				
学校規模	よくある	ときどきある	あまりない	ほとんどない	全体
50人未満	88.7	4.8	3.2	3.2	100.0
50－99	79.8	15.8	3.9	0.5	100.0
100－199	88.3	8.9	2.1	0.7	100.0
200－499	82.6	12.3	3.6	1.6	100.0
500－999	73.2	20.1	4.9	1.8	100.0
全体	80.7	14.1	3.7	1.5	100.0

	中　学　校　（%）				
学校規模	よくある	ときどきある	あまりない	ほとんどない	全体
50人未満	100.0	0.0	0.0	0.0	100.0
50－99	94.3	2.5	3.3	0.0	100.0
100－199	92.8	3.7	2.6	0.9	100.0
200－499	78.3	10.7	7.6	3.4	100.0
500－999					
全体	83.3	8.2	5.9	2.5	100.0

以上のように、朝の読書は、都道府県別に見ると、大都市部の都道府県よりも地方の県でよく実施されており、学校所在地別に見ると、都市部よりも農村部、へき地にある学校でよく実施され、さらに、大規模校よりも小規模校でよく実施されている。

第三章　朝の読書と授業

本章では、朝の読書の実施状況と、授業の関係を分析する。まず、朝の読書をよく実施している学校とあまり実施していない学校の間で、学級での授業方法は異なっているのかを分析し、次に、児童の授業の理解度が高いかどうかを分析し、最後に児童の授業態度に違いがあるかを分析する。以上の分析から、朝の読書が学校での授業や学習にどのような効果があるかを考察したい。

第一節　授業方法

朝の読書をよく実施している学校とあまり実施していない学校の間で、授業方法は異なっているのだろうか。授業方法については、児童に、「あなたの学級での授業について聞きます。つぎのことはどのくらいありますか」という質問に続いて、「先生が子どもによく質問し、よく発表する授業」など八つの授業方法を列挙し、それぞれについて、

「よくある」「ときどきある」「あまりない」「ほとんどない」という四段階の回答を求めた。

表3―1は、朝の読書の実施状況と、児童が学級で受けている授業方法の関係を示している。表の中の数字は、それぞれのタイプの授業が、「よくある」または「ときどきある」と回答した児童生徒の割合(%)を示している。表より、朝の読書をよく実施している学校では、「先生が一時間中説明し、子どもが聞いている授業」は少なく、「先生が子どもによく質問し、よく発表する授業」が多い。また、「グループで話し合う授業」、「学級全員で話し合う授業」でよく実施されている。さらに、「ドリルやプリントの問題を解く」授業や「算数や数学の問題をみんなの前で説明する」ことが多い。

このように、朝の読書をよく実施している学校は、教師と児童の間の質疑応答が多く、児童相互で話し合う授業が多い傾向がある。児童が活発に授業に参加するような指導方法が採用されているといえよう。

また、「作文を先生がほめたり直したり」、「算数や数学のプリントやドリルをみてくれる」機会が多く、「先生は宿題をよくみてくれる」ことも多いことから、教師が児童にきめ細かな指導をしている様子もみられる。

表３－１　朝の読書と授業方法
「よく」＋「ときどき」あるの合計（%）

	小学校		
	朝読 よく実施	あまり 実施せず	検定
先生が１時間中説明し、子どもが聞いている授業	26.5	31.9	＊
先生が子どもによく質問し、よく発表する授業	70.6	61.4	＊＊＊
グループで話し合う授業	84.2	78.8	＊＊
学級全員で話し合う授業	67.6	54.1	＊＊＊
ドリルやプリントの問題を解く授業	84.8	76.2	＊＊＊
作文を先生がほめたり直したりしてくれる	68.4	67.7	
算数や数学のプリントやドリルをみてくれる	84.1	69.3	＊＊＊
算数や数学の問題をみんなの前で説明する	70.2	55.7	＊＊＊
先生は宿題をよくみてくれる	90.3	79.9	＊＊＊

(「検定」の記号は、＊＊＊：0.1%水準、＊＊：１%水準、＊：５%水準である。統計的に有意な差があることを示す。つまり、＊の数が多いほど差が大きい。以下の表も同様である。)

第二節　授業理解度

表3—2は、朝の読書実施状況と、児童の授業理解度の関係を示している。表中の数字は、前節と同様に、「あなたは授業がどのくらい分かりますか」という質問に対して五段階の回答を求め、各教科について「ほとんど分かる」または「だいたい分かる」と答えた児童の割合を示している。

表3－2　朝の読書と授業理解度
「ほとんど」＋「だいたい」
分かるの合計（％）

	小　学　校		
	朝読よく実施	あまり実施せず	検定
国語	78.8	69.8	＊＊＊
社会	70.7	63.8	＊＊
算数／数学	75.4	68.8	＊
理科	77.2	71.0	＊＊

第三節　授業態度

表3—3は、朝の読書の実施状況と、児童の授業態度の関係を示している。表中の数字は、「あなたの学校での学習の状況について聞きます」という質問群に対して、「よくあてはまる」または「すこしあてはまる」と答えた児童の割合を示している。

朝の読書をよく実施している学校では、おおむね、児童の授業態度がよい傾向にある。「進んで発表したり、質問したりする」、「大切だと思ったことはノートに書きとる」ことが多く、「がんばればもっとよい成績がとれると思う」児童が多く、学習意欲が高い。そして、「学校の授業を楽しい」と感じており、欠席や遅刻が少ない。

表３－３　朝の読書と授業態度

「よく」＋「すこし」あてはまるの合計（%）

	小学校		
	朝読 よく実施	あまり 実施せず	検定
進んで発表したり、質問したりする	53.6	46.4	＊＊
大切だと思ったことはノートに書きとる	74.0	66.8	＊＊
学校の授業は楽しい	73.3	68.4	＊
がんばればもっとよい成績がとれると思う	89.0	82.7	＊＊＊
授業を休んだり遅刻したりすることがある	18.1	25.3	＊＊＊
勉強が好きな方だと思う	45.6	38.5	＊＊

まとめ

これまでの分析により、朝の読書をよく実施している学校の児童は、学習面での状況がよいという関係が明らかとなった。朝の読書をよく実施している学校や学級の児童は、教科の学習の理解度が高く、授業態度や学習意欲が高く、教師と児童との関係も良好である、という数値が出ている。

第四章　朝の読書が学級の状況に与える影響

本章では、朝の読書の実施状況が、学校での人間関係や生活とどのような関係にあるかを分析していく。まず第一節では、教師・児童の人間関係を、第二節では児童の学級生活との関係を分析する。第三節では、朝の読書とそれらの関係が学級規模の大小によって違いがあるかどうかを分析する。最後に、第四節で本章の結論を述べる。

第一節　教師・児童の人間関係

朝の読書をよくしている学校とそうでない学校で、教師と児童の人間関係に違いがあるのだろうか。ここでは、教師と児童の人間関係を五つの角度から聞いた。表4―1は、五つの質問に対する四段階の選択肢による回答結果について、「よくあてはまる」または「すこしあてはまる」と回答した者の割合を合計したものである。

表から、朝の読書をよく実施している学校の児童の方が、あまり実施していない学校

表４－１　朝の読書の実施状況と教師児童の人間関係
「よく」＋「すこし」あてはまるの合計（％）

	小学校		
	朝読 よく実施	あまり 実施せず	検　定
先生は私の学習状況をよく分かってくれている	76.8	67.3	＊＊＊
先生は私たちの話をよく聞いてくれる	80.5	75.3	＊
先生は私の心配事や悩みを理解してくれている	57.6	49.3	＊＊＊
先生は私の家庭や学校外での生活をよく分かってくれている	51.7	44.7	＊＊
先生は子どもたちの人間関係をよく知っている	69.7	65.8	

の者よりも、先生は、「私の学習状況をよく分かってくれている」「私たちの話をよく聞いてくれる」「私の心配事や悩みを理解してくれている」「私の家庭や学校外での生活をよく分かってくれている」と感じていることが分かる。

朝の読書をよく実施している学校では、児童は教師が自分たちをよく理解してくれていると感じており、教師と児童の間に受容的で肯定的な人間関係ができあがっていることが分かる。

第二節　児童の学級生活

朝の読書と、児童の学級生活はどのような関係にあるのだろうか。

まず、学級の雰囲気について、次に、学級活動への参加について調べてみよう。

学級の雰囲気

ここでは、学級の雰囲気を三つの角度から質問した結果を示している。表4―2から、朝の読書をよく実施している学校ほど、「わたしのクラスは、集団としてのまとまりがある」と「どの子もそうじを一生懸命している」「授業では、いろいろな人から意見がでる」と回答する者が多かった。

朝の読書をよく実施している学校では、学級の「まとまり」に代表されるような仲間同士の結びつきが強いことが分かる。また、「どの子もそうじを一生懸命している」「授業では、いろいろな人から意見がでる」といった回答が多いことから、児童が積極的に日常生活を送っていることが分かる。

表４－２　朝の読書と学級の雰囲気：「よく」＋「すこし」あてはまるの合計（％）

	小学校		
	朝読 よく実施	あまり 実施せず	検定
私のクラスは、集団としてのまとまりがある	73.7	63.7	＊＊＊
どの子もそうじを一生懸命している	68.9	57.2	＊＊＊
授業では、いろいろな人から意見がでる	74.2	68.7	＊

学校行事や学級活動への参加

表４―３は、朝の読書と、学校行事や学級活動への参加との関係を示している。表より、朝の読書をよく実施している学校の児童は、「運動会などの行事」によく参加していることが分かる。また、「児童会や生徒会の活動」、「学級の委員や係活動」と

いった活動によく参加していることも分かる。

表4－3　朝の読書と特別活動への参加度
「よく」＋「すこし」あてはまるの合計（％）

	小学校		
	朝読よく実施	あまり実施せず	検定
どの子も運動会などの行事に熱心に参加している	89.6	86.3	＊
どの子も児童会や生徒会の活動に進んで参加している	71.4	63.2	＊＊＊
どの子も学級の委員や係活動を進んでやっている	75.6	64.3	＊＊＊

第三節　学級規模による効果の違い

ここまで、朝の読書の実施状況は、教師と児童の人間関係、学級の雰囲気、学校行事や学級活動への参加度と関連があることが示された。ここでは、学級規模との関連を分析する。なお、学級規模は、二〇人以下、二一―三〇人、三一―四〇人の三区分とした。

表4―4は、朝の読書の実施状況と教師・児童の人間関係の関連を学級規模ごとに示している。これより、三一―四〇人の大規模学級において、「朝の読書よく実施」と「あまり実施せず」の間で数値に大きな違いがあることが分かる。つまり、小規模学級よりも大規模学級の方が、朝の読書の実施程度が、人間関係に影響を与えていることが伺われる。

全体として、大規模な学級ほど、「学習状況をよく分かってくれている」、「私たちの話をよく聞いてくれている」「心配事や悩みを理解してくれている」などと感じる者は少なくなっている。しかし、朝の読書をよく実施している学校では、学級規模が大規模になっても、そのように感じる者は、あまり実施していない学校と比べ、減少幅が少ない。大規模な学級では、朝の読書が教師と児童の良好な人間関係に、より寄与している、

表４－４　学級規模別にみた教師と児童の人間関係
「よく」＋「すこし」あてはまるの合計（％）

		小学校		
		朝読よく実施	あまり実施せず	検定
先生は私の学習状況をよく分かってくれている	－20	83.3	77.1	
	21－30	76.4	71.4	
	31－40	73.6	59.9	＊＊＊
先生は私たちの話をよく聞いてくれる	－20	86.9	86.6	
	21－30	79.2	79.4	
	31－40	78.2	67.6	＊＊
先生は私の心配事や悩みを理解してくれている	－20	66.5	55.8	
	21－30	56.8	55.9	
	31－40	53.3	40.1	＊＊＊
先生は私の家庭や学校外での生活をよく分かってくれている	－20	52.0	56.8	
	21－30	52.3	50.6	
	31－40	51.0	34.5	＊＊＊
先生は子どもたちの人間関係をよく知っている	－20	78.0	70.8	
	21－30	64.5	69.5	
	31－40	70.1	60.2	＊＊

といえる。

表４―５は、学級規模と学級の雰囲気の関係を示している。「私のクラスは、集団としてのまとまりがある」「どの子もそうじを一生懸命している」の二項目は、学級規模が大きくなるほど、数字が低くなるが、朝の読書をよく実施している学校では、数値の減少が少ない。

表４－５　学級規模別にみた学級の雰囲気
「よく」＋「すこし」あてはまるの合計（％）

		小学校		
		朝読よく実施	あまり実施せず	検定
私のクラスは、集団としてのまとまりがある	－20	79.5	71.9	
	21－30	76.1	67.2	*
	31－40	67.9	57.5	**
どの子もそうじを一生懸命している	－20	75.9	72.3	
	21－30	69.9	62.2	*
	31－40	63.9	47.1	***
授業では、いろいろな人から意見がでる	－20	79.0	83.3	
	21－30	72.1	69.5	
	31－40	73.4	63.3	**

小規模学級は朝の読書の実施状況による差はないが、大規模学級では、朝の読書を実施している学級の方がそうでない学級よりも学級の状況が良好になっている。

また、「授業では、いろいろな人から意見がでる」についても、三一―四〇人の大規模の学級において、朝の読書の実施の有無による数値の開きが大きくなっている。このことから、ここでも大規模な学級で、より朝の読書の効果が出てくることが分かる。

表4－6　学級規模別にみた学校行事や学級活動への参加度
「よく」＋「すこし」あてはまるの合計（％）

		小学校		
		朝読よく実施	あまり実施せず	検定
どの子も運動会などの行事に熱心に参加している	－20	91.5	87.4	
	21－30	90.2	86.8	
	31－40	87.9	85.5	
どの子も児童会や生徒会の活動に進んで参加している	－20	79.7	67.4	*
	21－30	67.1	63.2	
	31－40	71.1	61.9	
どの子も学級の委員や係活動を進んでやっている	－20	86.6	68.8	***
	21－30	73.0	64.4	*
	31－40	72.3	62.7	**

表4―6は、学校行事や学級活動への参加度を学級規模別に示している。まず、「どの子も運動会などの行事に熱心に参加している」では、回答状況の規模による違いはみられなかった。次に、「児童会や生徒会活動への参加」では、二〇人以下の少規模の学級や、三一―四〇人の大規模の学級で、朝の読書をよく実施している方が、どの子も児童会の活動に進んで参加していた。また、「学級の委員や係活動」への参加については、

全ての規模について朝の読書をよく実施している、とあまり実施せずの間で回答状況に差がみられたが、特に、前述と同様に、二〇人以下の小規模の学級と、三一—四〇人の大規模の学級で数値の差が大きかった。

まとめ

以上の分析より、朝の読書をよく実施している学校では、教師は以下のような傾向がある。

・教師が児童の話をよく聞き理解し、良好な人間関係が形成されている
・児童同士は集団としてのまとまりがあると感じている
・学校行事や学級活動への参加度も高い

また、学級規模が大きいほど、朝の読書の及ぼす効果が大きくなっている。教師の目が全ての児童に届きにくい大規模学級では、朝の読書をすることにより、児童と教師との関係がより良好になる傾向がみられる。

第五章　朝の読書、家庭での読書、学習、生活

ここでは、家庭での読書と学習、生活との関係を分析する。

まず、第一節では、朝の読書をよくする子の家庭での学習や生活の状況について分析を行う。第二節では、家庭で読書をよくする子について家庭での学習や生活の状況を分析する。第三節では、家庭で読書をよくする子の、幼少時の体験や、家庭環境との関係を分析し、家庭での読書習慣の形成要因を検討する。最後に、本章のまとめと考察を述べる。

第一節　朝の読書と家庭での学習・生活

家庭での学習

表５―１は、朝の読書の実施状況と、児童生徒の家庭での学習の関係を示している。表から、朝の読書をよく実施している小学校の児童生徒は、学校の宿題はきちんとやり、家の人に言われなくても自分で進んで勉強する傾向が強い。中学校では〝統計的に有意

表５－１　朝の読書と家庭での学習
「よく」＋「すこし」あてはまるの合計（％）

	小学校			中学校		
	朝読 よく実施	あまり 実施せず	検定	朝読 よく実施	あまり 実施せず	検定
学校の宿題はきちんとやる	91.6	86.6	＊＊＊	76.9	74.2	
家の人に言われなくても自分で進んで勉強する	67.0	61.5	＊	50.2	48.9	
学校や塾の宿題以外に進んで勉強する	35.8	34.0		30.0	27.2	
分からない問題があれば、教科書や参考書で調べる	70.3	68.3		56.9	52.3	
時間をみつけて物語や小説を読む	44.2	47.4		47.5	42.6	

な差〃ではないものの、宿題や勉強をする生徒の割合は高くなっている。このことから、朝の読書をすることによって、家庭での学習が促進されていると考えられる。

なお、表の一番下の質問「時間をみつけて物語や小説を読む」は、家庭での読書状況を表している。学校での「朝の読書」と「家での読書」については、小学校でも中学校でも両者に統計的に有意な関連は見い出されなかった。その要因については、今後の検討課題としたい。

家庭での生活

表5―2は、家庭での生活の状況を示している。朝の読書を実施している小学校の児童は、「家の人は、自分のことをよく分かってくれている」と感じており、また、親を尊敬している者が多いようである。他方小学校ほどではないが、中学校でも家の人は自分のことをよく分かってくれていると感じているようである。

表5－2　朝の読書と家の人との関係：「よく」＋「すこし」あてはまるの合計（%）

	小学校		
	朝読よく実施	あまり実施せず	検定
家の人は、自分のことをよく分かってくれている	86.2	79.0	＊＊＊
私は、親を尊敬している	74.6	69.9	＊
家の人とよく学校や友達の話をする	74.1	70.5	

	中学校		
	朝読よく実施	あまり実施せず	検定
家の人は、自分のことをよく分かってくれている	70.4	64.6	＊
私は、親を尊敬している	62.8	58.6	
家の人とよく学校や友達の話をする	61.6	57.7	

第二節　家庭での読書と学習・生活

ここでは、「時間をみつけて物語や小説を読む」という設問に「よくあてはまる」「すこしあてはまる」と解答している者を「家で読書をする」、「あまりあてはまらない」「まったくあてはまらない」と回答している者を「家で読書をしない」とした。では、家庭で読書をする者としない者の間で、家庭での学習や生活の違いをみていこう。

家庭での学習

表5—3は、家庭での読書をよくする・しないと、家庭での学習状況の関係を示している。家庭での読書をしている者ほど、家庭でよく学習している様子が伺える。また、この項に関しては、中学校にも高い数値が出ている。

表5—1と表5—3を比較すると、家庭での学習状況は、学校での朝の読書より家庭での読書とより深く関連していることが明らかである。家庭での読書をよくする者は、「学校の宿題はきちんとやる」だけでなく、「学校や塾の宿題以外の勉強」をし、さらに「分からない問題があれば、教科書や参考書で調べる」など、学習に自主的に取り組んでいる。

表5－3　家庭での読書と家庭での学習：「よく」＋「すこし」あてはまるの合計（%）

	小学校		
	家で読書をする	あまりしない	検定
学校の宿題はきちんとやる	91.5	87.4	＊＊
家の人に言われなくても自分で進んで勉強する	69.3	60.5	＊＊＊
学校や塾の宿題以外に進んで勉強する	45.4	26.0	＊＊＊
分からない問題があれば、教科書や参考書で調べる	76.7	63.2	＊＊＊

	中学校		
	家で読書をする	あまりしない	検定
学校の宿題はきちんとやる	80.8	71.8	＊＊＊
家の人に言われなくても自分で進んで勉強する	56.5	43.9	＊＊＊
学校や塾の宿題以外に進んで勉強する	36.1	23.0	＊＊＊
分からない問題があれば、教科書や参考書で調べる	64.8	47.1	＊＊＊

家庭での生活

表5—4は、家庭での読書習慣の有無と親子関係を示している。これより、小学校、および中学校でも、家庭での読書の習慣がある者は親子関係が良好であることが分かる。

先の表5—2と比べると、朝の読書の実施では確認されなかった「家の人とよく学校

表５－４　家庭での読書と家の人との関係：「よく」＋「すこし」あてはまるの合計（%）

	小学校		
	家で読書をする	あまりしない	検定
家の人は、自分のことをよく分かってくれている	85.7	80.5	＊＊
私は、親を尊敬している	76.3	69.1	＊＊
家の人とよく学校や友達の話をする	79.6	66.3	＊＊＊

	中学校		
	家で読書をする	あまりしない	検定
家の人は、自分のことをよく分かってくれている	69.8	66.4	
私は、親を尊敬している	65.8	57.3	＊＊＊
家の人とよく学校や友達の話をする	65.6	55.7	＊＊＊

や友達の話をする」の項目に差が確認されたのは、興味深い点である。

第三節　家庭で読書をするのはどのような子か

家庭で読書をよくする子は、どのような子なのだろうか。幼少時の体験や、家庭環境との関係を分析し、家庭での読書習慣の形成要因を検討する。

小さな頃の経験や家庭環境

表5―5は、家庭での読書と、小学校二年までの頃に、家の人にしてもらった体験の関係を示している。

これより、「図鑑をそろえてくれた」、「参考書をそろえてくれた」、「絵本を読んでくれた」、「図書館や美術館に連れて行ってくれた」といった体験をしている者が、小学校五年や中学校二年の現在、「時間をみつけて物語や小説を読んでいる」ことが分かる。

続いて、親など家の人の読書や家庭の蔵書数が児童生徒の家庭での読書習慣に関係があるかを調べた結果が表5―6である。これより、小学校、中学校とも「家の人が文学作品や小説を読む」、「家には本がたくさんある」と回答している者が、家庭での読書をしていることが分かる。

表５－５　家庭での読書と小さな頃の体験
「よく」＋「すこし」あてはまるの合計（％）

	小学校			中学校		
	家で読書をする	あまりしない	検定	家で読書をする	あまりしない	検定
図鑑をそろえてくれた	42.7	30.4	＊＊＊	37.1	31.5	＊
参考書をそろえてくれた	43.5	34.0	＊＊	37.2	30.2	＊＊
絵本を読んでくれた	58.0	45.5	＊＊＊	59.2	46.4	＊＊＊
図書館や美術館に連れて行ってくれた	58.9	35.9	＊＊＊	43.9	26.5	＊＊＊

表５－６　家庭での読書と家庭環境
「よく」＋「すこし」あてはまるの合計（％）

	小学校			中学校		
	家で読書をする	あまりしない	検定	家で読書をする	あまりしない	検定
家の人が、文学作品や小説を読む	42.7	15.9	＊＊＊	47.3	18.8	＊＊＊
家には本がたくさんある	83.8	62.1	＊＊＊	75.8	48.6	＊＊＊

家庭での読書習慣の形成要因

前項の分析から、小さな頃、家の人にしてもらった体験や、家の人の読書習慣、家庭の蔵書数は、児童生徒の家庭での読書習慣と関わりがあるといえよう。

しかし、文学作品や小説をよく読む親は、子どもに図鑑や参考書をそろえる、ということが予測されるなど、これらの変数は相互に関連し合っている。したがって、これらの変数が子どもの家庭での読書に純粋な影響力を与えているかどうかを明らかにするには、多変量解析が必要である。そこで、児童生徒の家庭での読書の習慣の形成に、どのような要因が影響しているのかを多変量解析の一手法である重回帰分析によって明らかにしたい。なお、重回帰分析の手法については、第六章（P55）に説明しているので、参照していただきたい。

家庭で、「時間をみつけて物語や小説を読む」という質問に「よくあてはまる」と回答した者には四、「すこしあてはまる」には三、「あまりあてはまらない」には二、「まったくあてはまらない」には一を与え、これを重回帰分析の被説明変数とした。これが、児童生徒の性別や家族構成、学校での朝の読書の実施状況、小さな頃の体験、家の人の読書習慣、家庭の蔵書数がどの程度大きな影響を与えているのかを分析した。

表5—7は、その結果を示している。小学校、中学校とも、「図鑑をそろえてくれた」や、「絵本を読んでくれた」などの小さい頃の体験は、家庭での読書の習慣に影響を与えていなかったが、「家の人が文学作品や小説を読む」や、「家には本がたくさんある」といった家の人の読書習慣や家庭の文化的環境は、子どもの家庭での読書習慣に大きな

影響力を持っていることが分かる。また、女子児童は男子児童よりも相対的に家でよく読書をしている。

このように、児童生徒の家庭での読書習慣は、家の人が読書をすること、家に本がたくさんあることといった家庭の文化的環境など、親の嗜好の影響を受けている。

まとめ

朝の読書をよくしている小学校の児童は、帰宅後、宿題をきちんとし、分からない問題があれば教科書や参考書で調べるなど、家庭でよく学習をしている。また親を尊敬しており、親子関係は良好のようである。他方、中学校でも、家の人との関係は、おおむね良好のようである。また、子どもが物語や小説を家で読むという行為には、親の文芸への嗜好や家庭の文化的環境が大きく影響しているようである。

表5－7　家庭での読書習慣の規定要因に関する重回帰分析

		小学校		中学校	
		標準回帰係数	確率	標準回帰係数	確率
（定数）			***		***
性別（女子）		0.082	**	0.175	***
朝の読書の実施		－0.040		0.021	
小さなころの体験	図鑑をそろえてくれた	0.034		－0.030	
	参考書をそろえてくれた	－0.011		0.014	
	絵本を読んでくれた	－0.009		0.016	
	図書館や美術館に連れて行ってくれた	0.142	***	0.054	
家庭の状況	文学作品や小説を読む	0.248	***	0.217	***
	家には本がたくさんある	0.175	***	0.191	***
	重相関係数二乗	0.155		0.161	

第六章　朝の読書と学力

第一節　学力に及ぼす朝の読書の影響の分析方法

本章では、小中学生を対象とする質問紙調査のデータを重回帰分析することにより、朝の読書が国語と算数の学力に及ぼす影響を分析したい。まず、分析方法について説明する。

重回帰分析とは、例えば、「学力が高い」ことの要因（説明変数と呼ばれる）に、家庭学習があるとする。しかし、「家庭学習をする」ことだけが「学力が高い」ことの要因ではないので、学力を上げる他の要因、親の教育への態度や児童生徒の授業への取り組み方など、多数の要因も考慮しなければならない。学力の高い低い（被説明変数と呼ばれる）が、それら多数の要因によって、それぞれどの程度独自に影響を受けるかを解析する方法が重回帰分析である。

児童生徒の学力に影響を与える要因は大きく分けると、家庭的な背景、学校の施設や設備、教師の資質、授業方法などがある。したがって、朝の読書の影響を分析するには、同時に児童生徒の学校での授業態度や家庭での学習や生活の状況、さらに学校・学級規模や指導方法、家庭の教育環境などが学力に与える影響を分析し、その中で朝の読書が学力に独自に与える影響を抽出することが必要である。

以下の分析で使用した児童生徒への質問について説明する。

調査票は原則として教育委員会や学校を通して配布を依頼した。まず、家庭に関する項目である。毎朝朝食を食べる、宿題をする、前日に持参物をそろえるなど、家庭での勉強や生活に関する質問の他、親のライフスタイルに関する多くの質問を行なった。これらの質問は、家庭的背景に関する代理指標である。

また、学校での授業や生活に関する項目では、学校・学級規模の他、ティーム・ティーティングや少人数学習、話し合い学習など指導方法に関する質問や、授業中の態度や学級風土に関する質問が含まれている。朝の読書の実施状況は、「朝読ダミー」という変数で表している。これは、我々の児童生徒調査で「朝の授業の前に、学習や読書の時間がある」という質問に「よくある」と回答した児童の中でさらに、朝の読書協議会事務局による調査で児童生徒が在学している学校が「朝の読書を実施している」場合に一、それ以外の児童生徒には〇を与えたものである。

我々は、学力の物差しとして、国語と算数のそれぞれの得点の偏差値、および各偏差値の合計（総合）の三つを採用した。以下ではそれらが学校・学級規模や指導方法、学級での授業や態度、家庭での学習や生活の状況によってどの程度影響を受けているのかを分析した。

第二節　朝の読書が学力に及ぼす影響に関する分析結果

それら、影響要因が学力にどの程度の影響を与えているかを重回帰分析した結果は、表6―1（小学校）と表6―2（中学校）に示している。表中の数字が正（＋）で大きいほど学力を高める効果があることを示し、逆に数字が負（－）であれば学力を低める効果があり、ゼロであれば全く影響を与えていないことを示している。また、数字の右の＊印が多いほど学力に対する影響力が大きいことを示し、無印のものは学力に対する影響力が統計的にみてないとみなしてよいことを示している。表の下部の重相関係数（二乗）は、モデルの当てはまり具合を示し、数値が大きいほど、モデルの説明力が高いことを示している。

表6－1　学力に及ぼす影響要因の重回帰分析結果（小学校）
数字は標準偏回帰係数

説明変数		被説明変数		
		総合	国語	算数
女子ダミー（女子1、男子0）		0.040	0.138 ***	-0.072 **
学校規模（児童数）		-0.089 **	-0.064 *	-0.098 **
学級規模（児童数）		0.007	0.014	-0.006
授業方法	TTダミー（実施1、非実施0）	0.020	-0.018	0.056 *
	少人数ダミー（実施1、非実施0）	-0.028	-0.011	-0.040
	朝読ダミー（よく実施1、それ以外0）	0.140 ***	0.159 ***	0.094 ***
	先生が子どもによく質問し、よく発表する授業	0.046	0.023	0.053 *
	先生が1時間中説明し、子どもが聞いている授業	-0.106 ***	-0.088 ***	-0.092 ***
	グループで話し合う授業	0.020	0.035	-0.003
	学級全員で話し合う授業	-0.009	-0.027	0.009
	ドリルやプリントの問題を解く授業	0.005	-0.031	0.046
	書いた作文を先生がほめたり直したりしてくれる	-0.016	0.006	
	算数や数学のプリントやドリルをみてくれる	0.049		0.014
	先生は、宿題をたくさん出す	0.040	0.030	0.036
帰宅後の学習	学校の宿題はきちんとやる	0.216 ***	0.199 ***	0.163 ***
	分からない問題は、教科書や参考書で調べる	0.005	0.016	-0.011
	時間をみつけて物語や小説を読む	-0.007	-0.015	0.007
家庭生活	毎朝、朝食を食べる	0.073 **	0.086 ***	0.046
	夕食を、一人で食べることがある	-0.094 ***	-0.096 ***	-0.061 *
	学校に持っていく物は、前の日にそろえる	0.023	0.048	0.002
	家の人とよく学校や友達の話をする	-0.016	-0.009	-0.015
授業態度	授業中、大切だと思ったことはノートに書きとる	0.102 ***	0.123 ***	0.051
	授業を休んだり、遅刻したりすることがある	-0.077 **	-0.079 ***	-0.066 *
重相関係数の2乗		0.236	0.257	0.128
サンプル数		1,470	1,479	1,480

表６－２　学力に及ぼす影響要因の重回帰分析結果（中学校）
数字は標準偏回帰係数

説明変数		被説明変数		
		総合	国語	算数
女子ダミー（女子１、男子０）		0.103 ***	0.156 ***	0.028
学校規模（児童数）		-0.132 ***	-0.127 ***	-0.108 **
学級規模（児童数）		0.024	0.015	0.021
授業方法	TTダミー（実施１、非実施０）	0.042	0.044	0.032
	少人数ダミー（実施１、非実施０）	0.077 **	0.077 **	0.064 *
	朝読ダミー（よく実施１、それ以外０）	0.045	0.073 **	0.005
	先生が子どもによく質問し、よく発表する授業	0.102 ***	0.106 ***	0.083 ***
	先生が１時間中説明し、子どもが聞いている授業	-0.003	0.010	-0.016
	グループで話し合う授業	-0.087 ***	-0.099 ***	-0.056 *
	学級全員で話し合う授業	-0.103 ***	-0.065 *	-0.126 ***
	ドリルやプリントの問題を解く授業	-0.012	-0.008	-0.006
	書いた作文を先生がほめたり直したりしてくれる	-0.042	-0.021	
	算数や数学のプリントやドリルをみてくれる	0.091 ***		0.104 ***
	先生は、宿題をたくさん出す	0.038	0.049 *	0.013
帰宅後の学習	学校の宿題はきちんとやる	0.176 ***	0.165 ***	0.150 ***
	分からない問題は、教科書や参考書で調べる	0.083 **	0.031	0.118 ***
	時間をみつけて物語や小説を読む	0.081 ***	0.087 ***	0.063 *
家庭生活	毎朝、朝食を食べる	0.124 ***	0.096 ***	0.131 ***
	夕食を、一人で食べることがある	-0.043	-0.057 *	-0.020
	学校に持っていく物は、前の日にそろえる	-0.028	0.010	-0.062 *
	家の人とよく学校や友達の話をする	-0.037	-0.029	-0.038
授業態度	授業中、大切だと思ったことはノートに書きとる	0.075 **	0.074 **	0.062 *
	授業を休んだり、遅刻したりすることがある	-0.029	-0.011	-0.046
重相関係数の２乗		0.202	0.181	0.167
サンプル数		1,530	1,533	1,534

この表から、分析結果は、五つほどに整理される。

まず第一に、子どもの授業態度は、子ども自身の学習活動そのものだけに、学力に対する影響力は極めて大きい。欠席や遅刻が少なく（小学校）、ノートに重要事項をちゃんと筆記する子は、学力が高い。性別では、国語では女子が有意に高く、算数では男子の学力が有意に高かった。

第二に、帰宅後の学習も大きな影響を与えている。小中学校とも、学校の宿題をきちんとやる子は学力が高かった。ただし、教師が宿題をたくさん出すかどうかは学力に無関係であり、児童生徒が宿題をするか否かが重要である。中学校では、時間をみつけて物語や小説を読む生徒は、国語も数学も学力が高くなっていた。

第三に、家庭での生活の状況については、食事が大きな影響を与えていた。小中学校とも、毎朝、朝食をとる子どもは相対的に学力が高く、小学校では、一人で夕食をとる子どもほど学力が低くなっていた。

第四に、授業方法についてである。「教師が一時間中しゃべり児童生徒がそれを聞く」という授業を受けている子どもの学力は低く（小学校）、「先生が子どもによく質問し、よく発表する授業」を受けている子どもの学力は高い（中学校）。なお、グループや学級全体で「話し合う授業」は、小学校では学力に影響を与えていないが、中学校ではマイナスの影響を与えている。中学校の場合、「プリントやドリルをみてくれる」は、数学の学力に大きな影響を与えていることが注目される。

さらに、「ティーム・ティーチング」（TT）を実施している学校・学級では、小学校の算数の学力がわずかに高くなっていた。これに対して、一つの学級を分割して少人数の集団を編成して授業を行う「少人数学習」は、中学校で有意な影響を与えていた。

第五に、朝の読書についてである。小学校については、朝の読書を「よく実施している」児童は、係数の大きさを比較すると国語の方が大きくなってはいるが、国語、算数、および総合点すべてについて学力が有意に高くなっている。

中学校については、国語について、朝の読書の学力に対する影響力が認められた。

このように、学力に対する他の変数の影響力を加味しても、朝の読書の取り組みと、子どもの学力との関係が明確に示された。さらに、朝の読書の学力に対する効果は、国語だけでなく、算数にも及んでいることが明らかとなった。

第三節　全国学力調査の県別データによる検討

ここでは、朝の読書と学力の関係を二〇〇七年四月に実施された「全国学力・学習状況調査」の分析結果を用いて、別の角度から分析してみたい。

その調査では、小学校六年と中学校三年を対象とした国語と算数・数学に関する学力調査と質問紙調査と、校長を対象とした学校質問紙調査が行われた。学校質問紙調査では、朝の読書についても質問があった。文部科学省と国立教育政策研究所からは、インターネット上で、都道府県別の分析結果が公表されている。ここでは、この公開データ(http://www.nier.go.jp/tyousakekka/3hp_tyousano_kekka.htm)を使って分析を行う。

国語、算数・数学とも、A問題（知識技能）とB問題（活用）の二種類のテストが行われた。例えば、国語Aは、基礎的な言語活動や言語事項に関する知識・技能に関する問題、国語Bは、それらに関する知識・技能の活用に関する問題である。調査の対象者は、小学校第六学年約一一四万人、中学校第三学年約一一〇万人であった。

公表された都道府県別の集計データから、朝の読書の実施状況と国語と算数・数学の各A・B問題の正答率の関係を分析してみた。図6—1は、各都道府県の小学校の国語の正答率（A・Bの正答率の平均値、%）を縦軸に、朝の読書の実施率（%）を横軸として四七の都道府県をプロットしたものである。正答率は、一〇〇%が満点を示している。

この図から明らかなように、一自治体を例外として、全体として、朝の読書の実施率が高い都道府県は、国語の平均正答率が高い傾向にある。単回帰分析（「学力が高い」ということに対し、「朝の読書を行なっている」という一つの要因（変数）での関係をみる分析）を行った結果、回帰直線は右上がりになっており、朝の読書の実施率が高い都道府県ほど平均正答率が高いことが確認される。

同様に、図6―2は小学校の算数についてのプロットである。朝の読書の実施率が高い都道府県は、算数の平均正答率も高くなっている。また、直線も右上がりになっている。

中学校については、図6―3に国語、図6―4に数学の状況を示している。二つの自治体を除いて、やはり朝の読書の実施率が高い都道府県は、国語の平均正答率が高い傾向にある。ただし、数学については、国語に比べ直線の傾きは小さく、影響を与えているとはいえない。

このように、中学校の数学を除いて、朝の読書の実施率が高い都道府県ほど、学力が

図６－１　朝の読書と小学校国語正答率（AB平均）

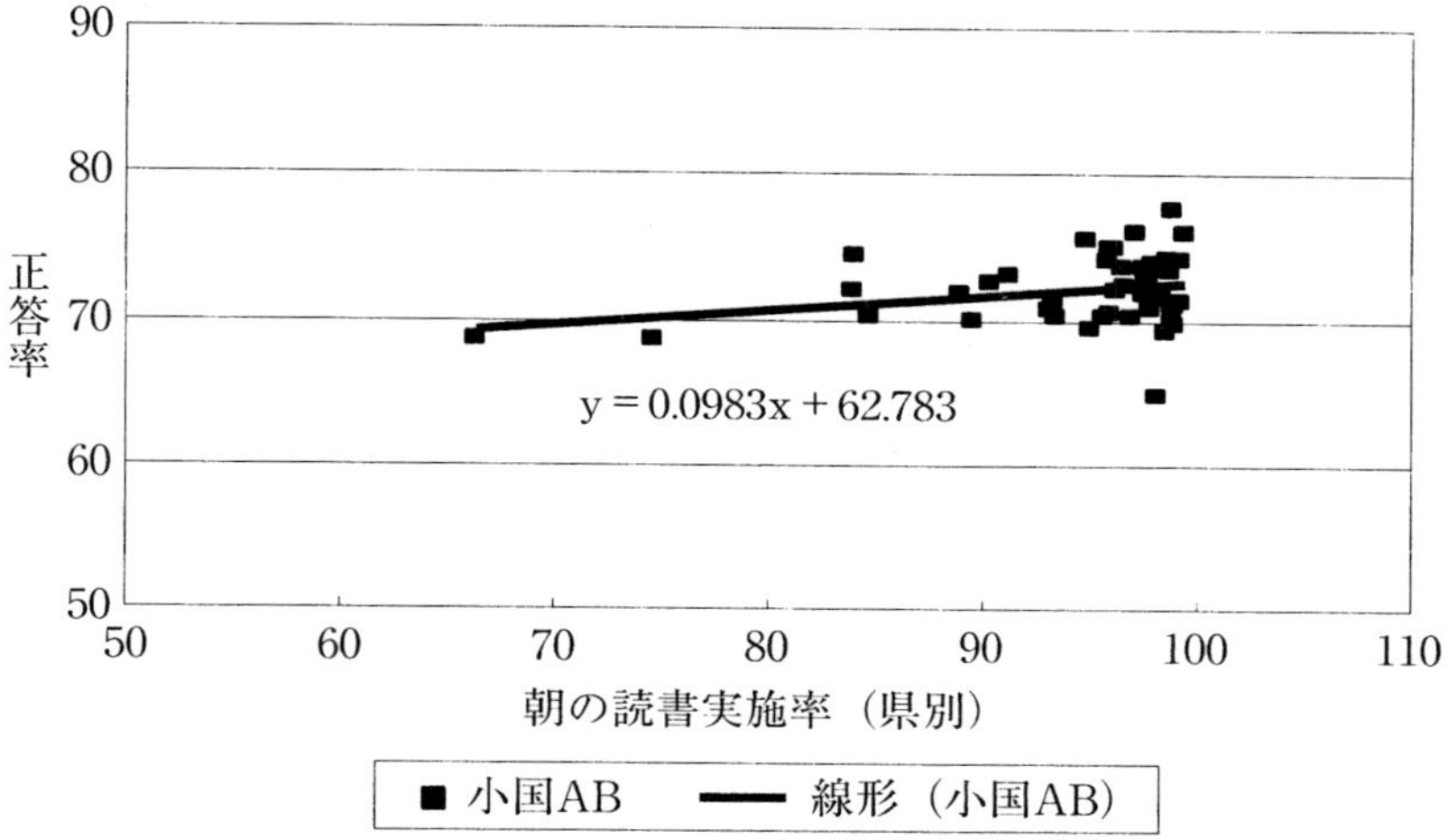

図６－２　朝の読書と小学校算数正答率（AB平均）

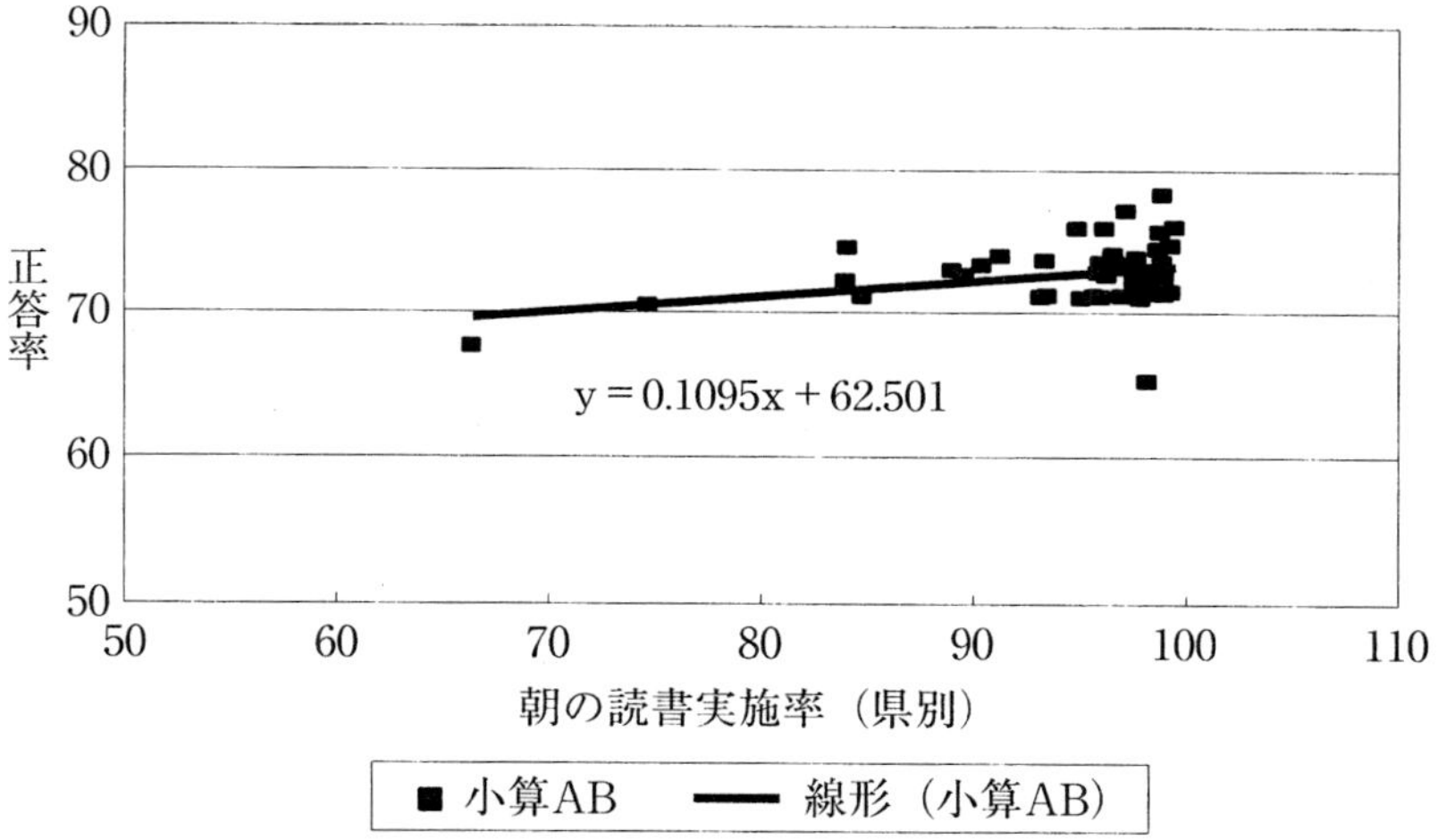

図６－３　朝の読書と中学校国語正答率（AB平均）

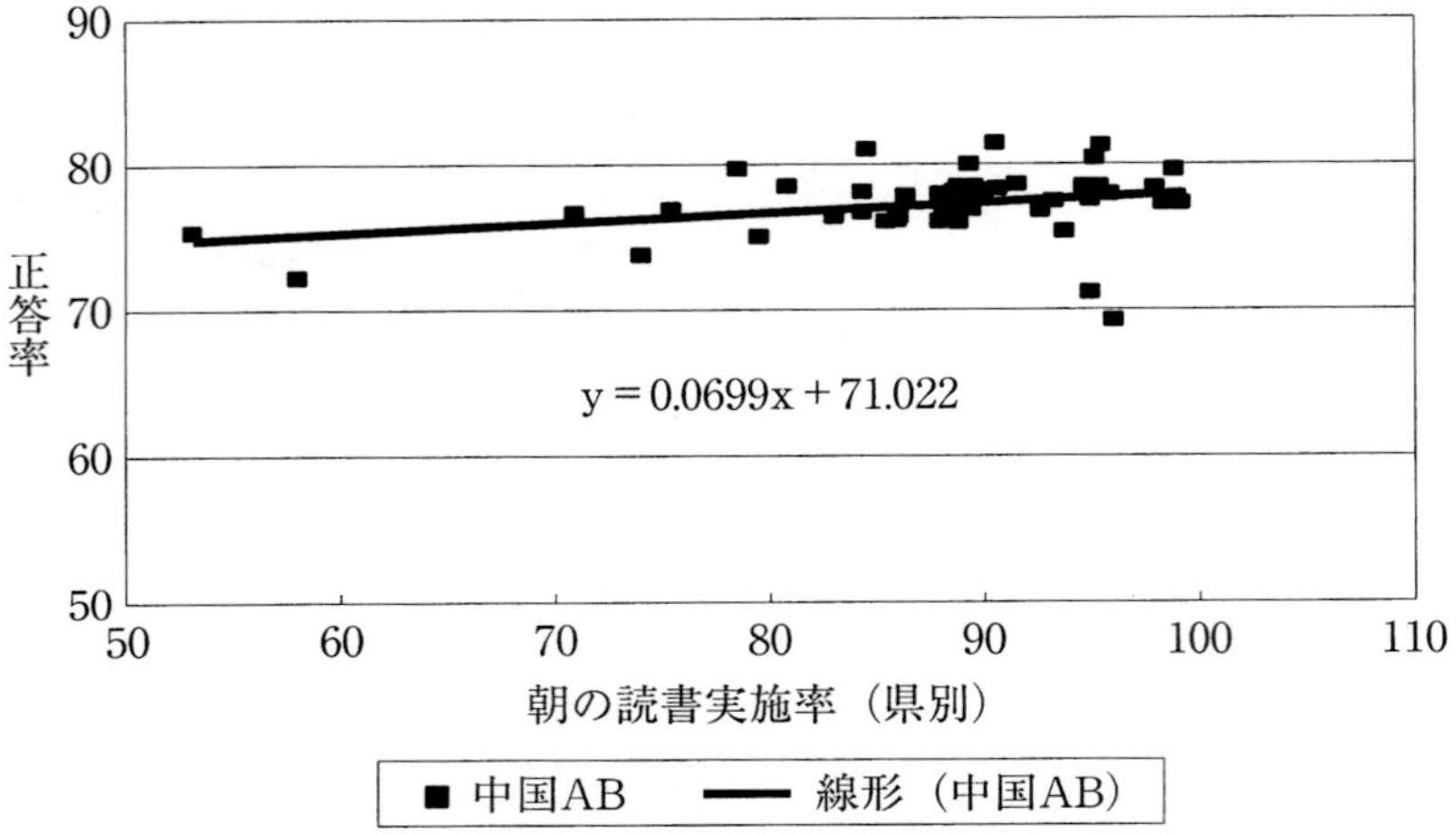

図６－４　朝の読書と中学校数学正答率（AB平均）

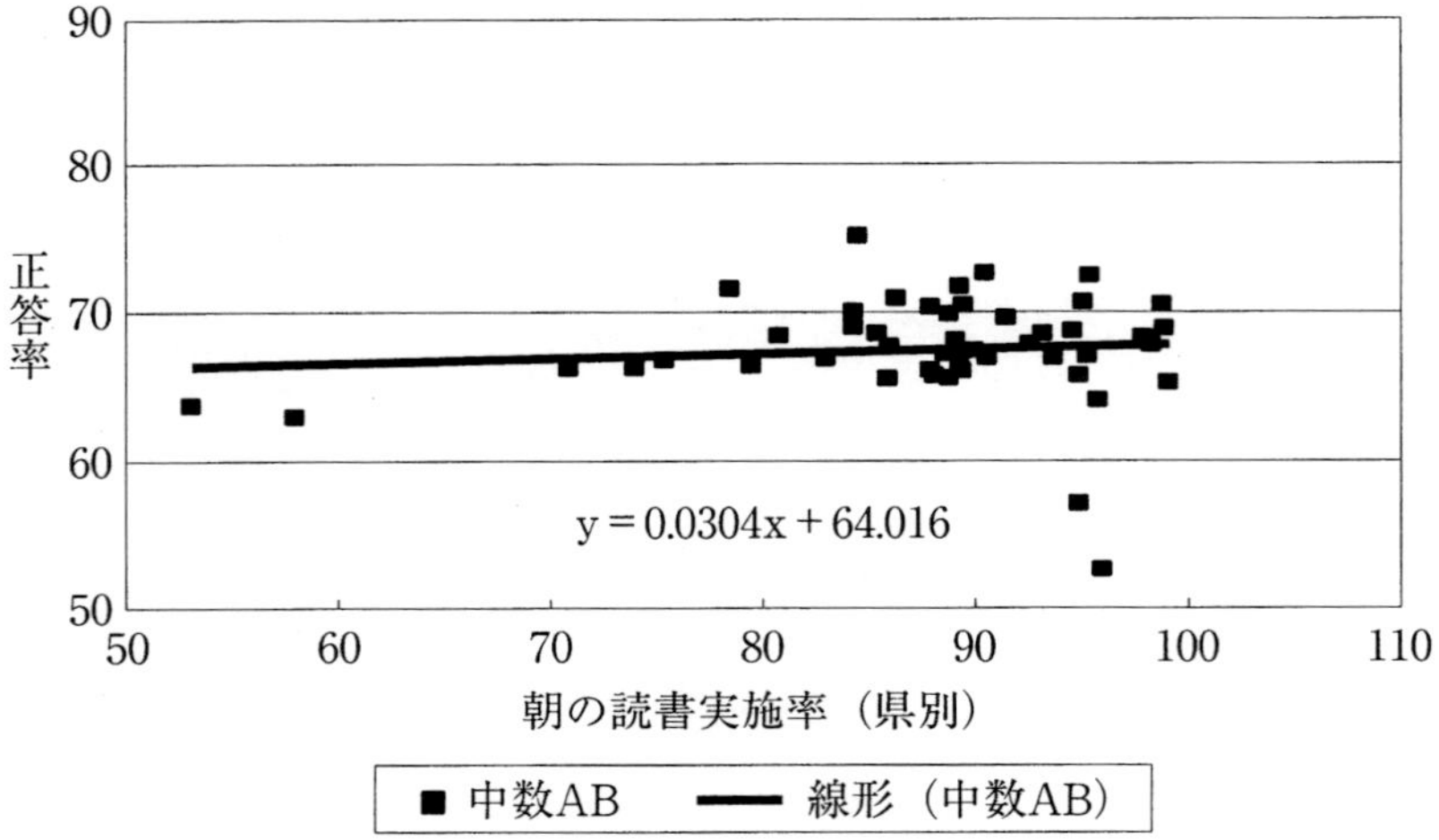

高いという結果が得られた。都道府県単位の集計データによる単回帰分析の結果ではあるが、朝の読書が学力に対して影響を与えていることを傍証するものである。

以上、朝の読書が国語と算数・数学の学力に与える影響について、二種類のデータを用いて分析を行った。その結果、児童生徒調査のデータでも、全国学力調査の都道府県別データでも、中学校の数学を除き、小学校の国語と算数及び中学校国語の学力に対して、朝の読書の実施は有意な影響を与えていた。朝の読書は、小学校、中学校とも、国語の学力に影響を与えており、さらに、小学校では算数の学力にも影響を与えていた。朝の読書は、国語だけでなく、算数にも影響を与えていることは注目すべきである。

しかしながら、朝の読書の算数・数学への影響が、小学校でより多く影響していることに対し、中学校で影響幅が少なくなっていることについては、さらなる調査の必要性があると思われる。

終章　朝の読書の教育効果

これまで、朝の読書と、授業と学習の状況（第三章）、学校・学級での生活（第四章）、家庭での学習や生活の状況（第五章）の関係について分析し、朝の読書の学力に及ぼす影響について分析してきた（第六章）。得られた分析結果をまとめてみよう。

まず、授業では、朝の読書をよく実施している学校では、教師と児童生徒の間の質疑応答が多く、グループや学級全員で児童生徒が話し合う授業が多く採用されていた。プリントやドリル、宿題を教師はよくみていた。また、朝の読書をよく実施している学校の児童は、実施していない学校の児童に比べて、授業が好きであり、がんばればもっとよい成績がとれると思うなど学習意欲が高かった。各教科の授業の理解度も高かった。

第二に、学校での生活については、次のようなことが明らかになった。

朝の読書をよく実施している学校では、教師は児童の学習状況や家庭や学校外での生活の状況をよく把握しており、教師と児童の間に良好な人間関係が形成されていた。学級は集団としてのまとまりがあり、何でも言い合える雰囲気があった。児童会や学級活動への参加度も高い傾向にあった。さらに、朝の読書が人間関係に与える好影響は、大規模学級でより大きな効果があることも示された。

第三に、家庭での学習や生活の状況についての分析結果の概要は以下の通りである。朝の読書をよくしている学校や学級の児童生徒は、帰宅後、宿題をきちんとやり、分からない問題があれば教科書や参考書で調べるなど、家庭でよく学習をしていた。中学校では、家庭で読書をする子は、家の人とよく友達の話をし、また親を尊敬している、などの親子関係が良好であるという結果が得られた。家庭での読書には、親の文芸への嗜好の強さや家庭の文化的な環境が大きく影響をしている。

これらの結果の多くは、朝の読書以外の要因の影響力を排除できていないから、慎重な考察が必要であることはいうまでもない。しかしながら、朝の読書は、学校での授業や学習、学級の雰囲気や教師と児童生徒の人間関係に影響を与えていることは疑いないといえよう。

最後に、重回帰分析の結果、朝の読書をよくしている児童は、そうではない児童に比べて国語と算数・数学のテストの合計得点からみた学力が相対的に高くなっていた。小学校については、説明変数に採用された数多くの変数の影響力を加味してもなお、朝の読書は、国語と算数の学力に対して独立した影響を与えていることが示された。

第四章で考察されているように、朝の読書に熱心に取り組んでいる学校や学級の児童生徒は、担任教師と児童生徒の間の人間関係が良好であり、児童生徒間の人間関係や学級の雰囲気も良好で、学校行事や学級活動への参加度が高い傾向にあった。このように、朝の読書は、勉強や学校・学級生活に対する前向きな態度を形成する。そのような態度は、積もり積もって、かけ算のようなメカニズムによって、学力を向上させる効果を持っているのではないだろうか。

始業前の短時間とはいえ、朝の読書は、児童生徒の目を文字に向けさせ、作品を黙読することにより、児童生徒の心と頭を知的活動へと誘う効果を持っている。学級全体でそのような活動を一斉に行うことにより、学級の全員を知的活動へと駆り立て、学級集団の秩序を形成する効果がある。朝の読書の活動によって形成された児童生徒個人および学級全体の学びへの志向性と集団秩序は、一日の学校生活のリズムを形成するのであろう。

分析を進めるにあたり、我々は、当初、朝の読書推進協議会の調査による、学校単位での朝の読書の実施・非実施によって、児童生徒の状況を分析した。しかし、単純な実施・非実施による区分では、児童生徒の学習や生活の様々な状況と大きな関連を見出すことができなかった。

しかしながら、各学校や学級単位ごとに朝の読書の実施状況（毎日実施するか、教師も参加するか、など）に違いがあることを考慮し、児童生徒調査で質問した朝の読書（と学習）の実施状況を加味して分析を行った。さらに、各学校での実施状況（実施・非実施）と児童生徒が回答した実施状況を組み合わせて、分析したところ、ここに報告したような結果が得られた。

このことから、朝の読書の指導方法は、朝の読書の教育効果を大きく左右するということが導き出される。これは、今後の朝の読書の取り組みにおいて、特筆すべき点である。

二〇〇一年一二月に「子どもの読書活動の推進に関する法律」が制定され、二〇〇二年八月に公表された「子どもの読書活動の推進に関する基本的な計画」では、二〇〇六年までの五年間の施策の基本的方向と方策が示された。これらに先だって、広島県では、

「義務教育改革ビジョン」（一九九九年）の中で、読書活動の推進が打ち出され、二〇〇二年度からは、「ことばの教育」のプロジェクトが始まった。

また、二〇〇八年三月に告示された新しい学習指導要領では、各教科での言語活動の教育を重視している。単に教科としての国語の指導だけでなく、算数・数学でもことばや式、図による解釈、説明、意見交換を指導することとした。ここで必要とされる力は、「読み・理解し・書く」能力である。

朝の読書は、このような「ことばの教育」の有力な方法であると思われる。前章まで で示されたように、朝の読書は、単に国語の学力の向上に資するだけではなく、算数の学力の向上にも影響を与えていた。それは、算数のみならず他の教科の学力を高め、応用力や活用力を高めていくのではないだろうか。

文字の読み書きや表現など言語の能力は、人間生活の基礎となる能力である。朝の読書は、知的な活動だけでなく、コミュニケーションや感情・情緒の基盤でもあり、児童生徒の人間性の形成にも大きく寄与することが期待されるであろう。

執筆者一覧（現職は原稿提出時）

山崎博敏　広島大学大学院教育学研究科教授〔第一章、第六章、終章〕
蒋　莉　広島大学大学院博士課程後期院生〔第二章〕
藤井宣彰　広島工業大学非常勤講師〔第三章〕
水野　考　広島大学大学院博士課程後期院生〔第四章、第五章〕
須田康之　北海道教育大学旭川校教授〔第六章〕
高旗浩志　島根大学教育学部准教授〔第六章〕
西本裕輝　琉球大学大学教育センター准教授〔第六章〕

主要参考文献

『分数ができない大学生』岡部恒治・戸瀬信之・西村和雄編　東洋経済新報社　一九九九
『学力の社会学』苅谷剛彦・志水宏吉編　岩波書店　二〇〇四
『学力を育てる』志水宏吉著　岩波新書　二〇〇五
『学級規模が授業と学校生活に与える影響に関する比較社会学的研究』（平成一六～一八年度科学研究費補助金研究成果報告書）山崎博敏編　広島大学　二〇〇七

素晴らしき「朝の読書」

朝の読書推進協議会理事長　大塚笑子

この度は広島大学、山崎博敏教授とそのグループの研究によって、『学力を高める「朝の読書」』が刊行される運びとなりました。

私たちはこれまで「朝の読書」は、学校教育現場において有形・無形に影響し、生徒の心を育み、素晴らしい教育効果を上げ、学校教育が蘇る実践であることを全国に広める運動として展開してまいりました。

そしてこの度、学力の一点に絞った独自の調査研究結果と、全国学力調査による検討研究をされた上での結論は、これから「朝の読書」に取り組まれる学校をはじめ、すでに実践されている全国の学校教育現場に携わる教師の皆さんに新たな視点と機会を示唆していただいたようにも思えます。

一九八八年四月、朝のホームルームで全校一斉の「朝の読書」が始まった日のことは今でも鮮明に脳裏に浮かんできます。

千葉県の高校の片隅で生まれた「朝の読書」は、現在では全国の半数を超える小・中・高校で実施されるまでに成長しました。既に九五〇万人以上もの子どもたちが「朝の読書」を楽しんでいます。

一九九七年に朝の読書推進協議会が設立され、朝の読書全国交流会が本格的に始まったのが一九九八年のことでした。

交流会では第一回から基調講演を務めさせていただいております。講演では、私自身のホームルーム担任としての経験を活かし、まずは一〇〇の議論よりもたった一つの実践が必要なこと、次に、生徒たちのために勇気と自信をもって実践に踏み切ってほしいこと、そして生徒は「朝の読書」によって必ず読書の楽しさを知り、学力的にも人格的にも大きく成長してくれることをお話してまいりました。

「朝の読書」を実践する四原則は、実にシンプルです。

①みんなでやる（全校一斉で生徒も教師も一緒に自分のクラスで読む）

②毎日やる（継続は力なり、一〇分でも毎日少しずつ自分の心や知性を育む）

③好きな本でいい（好きこそものの上手なれ、個々の感性、探究心、能力に応じて）
④ただ読むだけ（読書本来の楽しみ、精神の自由、解放感以外は求めない）

長年教師をしていますと、毎朝学校に登校する生徒の姿を目にすれば生徒の心は手にとるようにわかります。明るく元気に登校する生徒、学業やクラブ活動に燃えている生徒、家庭の様々な問題を抱え重い足取りで登校する生徒、友達や学業に悩み虚ろな目の生徒……、登校する生徒一人ひとりの心の深さはみな違います。その個々の生徒たちがそれぞれの思いを解放してくれる、励ましてくれる、希望を導いてくれる本と出会い、たとえ一〇分でも毎朝自分だけの静寂な時間に本と向きあい、自分自身の心と語り合えたならどんなに素晴らしいでしょう。また、生徒も教師もその静寂な時間の流れ、空間の流れを共有できる素晴らしさ、これこそが学校本来の姿、すなわち自らの学び舎、学校が蘇るように私は思えるのです。

本には生きる知恵がたくさん含まれています。私はぜひ、子どもたちには読書を通して「生きる力」を育んでもらいたいと思っています。生徒の長い人生も、きっと山あり谷ありでしょう。しかし、その時は「朝の読書」で培った経験を活かし、本を心の友とし、心の師とし自分の道を切り開いてしっかりと歩んでほしいのです。

教師は「朝の読書」の実践を通して、生徒とともに歩み、そして何よりも生徒を慈しみ、励まして自信を持たせてほしいと思います。

「朝の読書」運動は、これまで実に多くの方々に支えられてここまでになりました。第一回の交流会から活動を共にしてきた提唱者で元同僚の林公氏、朝の読書推進協議会元事務局長　佐川二亮氏をはじめ各地の教育現場や地域で推進しておられる皆様方、全面的に支援いただいた株式会社トーハンの協力があったからこそと思っています。

本書の最終章、読書の教育効果には、「朝の読書」を積極的に実施している学校の生徒は学習意欲が高く、調べ学習や宿題も家庭でも行い、さらに学級の雰囲気もよく、教師と児童生徒の人間関係にもよい影響を与えているとあります。この教育効果こそが、子どもたちの夢の実現です。素晴らしき「朝の読書」！

あとがきに代えて

山崎博敏

このたび、本書『学力を高める「朝の読書」』を出版させていただくことができ、朝の読書推進協議会の皆様にお礼を申し上げます。

私は、一〇年ほど前から学級規模の効果に関心を持ち、調査データを分析してきた。その過程で、ティーム・ティーチングや少人数学習指導など指導方法が、児童生徒の学力や学校生活にどのような影響を及ぼすかを分析する必要性を感じていた。

幸い、二〇〇四年度から三年間、科学研究費補助金の交付を受け、全国調査を実施できた。二〇〇六年九月の日本教育社会学会大会で「学力に及ぼす授業方法・学級規模・家庭環境の影響」と題する共同研究発表を行ったところ、望外にも大きな反響があり、その後、日本経済新聞一一月二〇日紙面に「朝の読書・質疑　学力を高める」と題する寄稿を掲載する機会を得た。

ある日、㈱トーハン広報室室長であり朝の読書推進協議会事務局長（当時）であった佐川二亮氏より電話があり、朝の読書が学力に与える影響について客観的な方法で分析したことを高く評価していただいた。受話器を置いた後、佐川氏の朝の読書に対する熱意に強い余韻が残ったことを覚えている。

そしてここに、「朝の読書の教育上の効果」を報告できるまでになった。

とはいえ、朝の読書は質問紙調査では捉えられない様々な教育上のメリットや効果がある。まさに、群盲象を撫でるという言葉が当てはまる。小学校と中学校の間での効果の違いなど今後、分析検討すべき事項も多い。まだまだ不十分な点もあるが、佐川二亮氏のご退職の直前に原稿を提出することができたことは幸いであった。

協議会顧問になられた佐川二亮氏と協議会理事長大塚笑子氏からは励ましの文章をいただき厚くお礼を申し上げる次第である。

大塚先生方が始められた長年の優れた実践の成果を、少しでも裏付けるデータを提供できたとしたら幸いである。最後になったが、事務局長加藤真由美氏と編集の和田聡子氏をはじめ、関係の皆様にお礼を申し上げる。

山崎博敏<やまさき・ひろとし>
1953年、熊本県生まれ。広島大学 教育学部 教育学科卒業。博士（教育学）。現在、広島大学大学院教育学研究科教授。専門分野は教育社会学。主な研究テーマは、大学・高等教育、教員の需要と供給、学校・学級規模、教育評価など。著書に『教員採用の過去と未来』（玉川大学出版部）、『大学の学問研究の社会学―日本の大学間および大学内の分業を中心に』（東洋館出版社）など。

学力を高める「朝の読書」
一日10分が奇跡を起こす ― 検証された学習効果

2008年7月7日　初版第1刷発行
2014年1月8日　　第2刷発行

編著者　山崎博敏
発行者　鈴木　仁
発行所　株式会社メディアパル
東京都新宿区東五軒町6-21〒162-0813
TEL 03(5261)1171　FAX 03(3235)4645
URL http://www.mediapal.co.jp
印刷・製本　(株)デジタルパブリッシングサービス

ISBN978-4-89610-092-1